SOL DE INVIERNO

Carlos Jiménez Iglesias

EDITORIAL

Poesía...
eres tú.

Sol de invierno

Primera Edición 2024
© Carlos Jiménez Iglesias 2024

© Editorial Poesía eres tú.
https:// poesiaerestu.com
C/Dr. Fleming Nº50, 4ºD
28036 Madrid
Teléfono: 34 91 999 13 12

ISBN: 978-84-18893-75-9
Depósito Legal: M-16383-2024

SOL DE INVIERNO

CARLOS JIMÉNEZ IGLESIAS

A mis padres

PRELUDIO

I

Soy ortiga y soy jazmín,
soy un libro que radicaliza,
soy un beso adúltero con carmín
a traición en las mejillas.

Vengo con vocación de tragedia.
Quiero ver gigantes caer e inocentes perecer,
quiero ver la batalla desde la colina,
meterme debajo del celemín,
pasar sin pena ni gloria,
no ser inicio ni fin.

La desgracia yo la veo
bajar del monte a caballo, jadeante,
con un látigo en una mano
y una azada en la otra,
mirándote con sus ojos locos
y un inquietante tic en los labios;
viene con paso certero
a tu corazón dar piso, a enterrarlo.

¿En qué orilla he de morir?
¿En qué cantina descansar?
¿En qué estación florecer?

Desde este verso renuncio a la verdad,
desde este verso renuncio a vivir.

II

Sigue el camino de Plotino, poeta,
y niégate las veces que haga falta.
Que quede en el verso de ti
solo la sombra.

Desnuda las estatuas
y deja ver su músculo pétreo.
Sencilla belleza. Belleza sencilla.
Los trazos justos.
El beso mudo.

Claridad, poeta. Sin bruma.
Que solo se vea de ti
la caligrafía de tu pluma.

III

La luna dibuja siniestras siluetas
sobre morosos escenarios de piedra.
La pena negra camina silenciosa,
con lúbricos ojos de leoparda, ama
y lame las heridas del polizón
que en su garganta fétida se desangra.

El sol sepultado so lágrimas rojas
que manan del cordero sacrificado.
Crujen las lápidas, la muerte despierta
solitaria y hambrienta y pasea a su antojo
convirtiendo el ojo del ciervo salvaje
en polvo de calavera y de esperanto.

La bruma exorciza las veredas huérfanas,
concita rayo y víscera en la alquitara;
la soledad aguarda desde su trono
y observa, ladina, la gran polvareda
que, a sus pies, en el Coliseo vomitan
víctimas ciegas de un brutal abandono.

Para siempre apagan su luz las estrellas,
se zambullen en arena de volcán.
La tristeza vuela con clamor de tórtola,
descansa, deja volar desde su pecho
toneladas de esparto, huano y crisoprasas
que piafan su gris semilla mar adentro.

IV

Ven conmigo a despojar de vanidad
la poesía.

Solo quiero palabras meditadas,
justas vencedoras de su lugar en el verso.

Limpia el poema de purpurina
y deja que brille su carne.

Déjala así: noble y hermosa.
Pura poesía.

PÁJAROS

Tráeme de tu tierra
un puñado de pájaros.

No quiero ropas ni joyas,
sólo un puñado de pájaros.

Cobíjalos en tu seno,
aliéntalos con tu voz y con tu acento,
que no píen cuando crucen
los valles de misteriosos silencios
ni las foces perfumadas de fresno.

Que no, que no quiero un yermo
recuerdo para dejarlo inmóvil en un hueco
que tenga que hacer al efecto.

Quiero un puñado de pájaros
que ames durante todo el trayecto,
un puñado de pájaros vivos como tus besos:
muestras vivientes de tus labios,
de tus ojos y de tu pecho.

Pájaros. un puñado de pájaros.
eso es todo lo que quiero.

ORCAS

Una pareja de orcas revoltosas
toma el sol pasiego en la hierba.
Qué dulce y calurosa tarde empapa
sus mamíferos besos.

Tormentas de arena se anuncian
en los telediarios; esquirlas
y metralla en los escenarios de teatro.
Qué collage tan hermoso
hecho de pedazos de carne humana
y telares que paren tupidos paños.

Está cambiando el mundo
y ahora las orcas cuelgan, como fruta podrida,
de sus horcas de madera de agua.
Está cambiando el mundo
y las sombras se descosen de sus cuerpos
y el oxígeno se emborracha del negro
corazón del mercurio de los espejos.

Quédate aquí, no salgas esta noche de casa.
Con la que está cayendo, no salgas
bajo esta lluvia que no seca
ni inunda bocas.
Quédate aquí, y contempla con alivio
la línea del frente enemigo
como una hilera de hormigas transportando
holocausto y pedacitos de memoria
hacia el manantial sangriento de la historia.

ÁLGEBRA

¿Quién resuelve la ecuación del azar?
¿Quién distingue el ser de dos lágrimas enfrentadas?

La tragedia ajena deja un poso incómodo
de pena y morbo en el corazón
que nosotros, por supervivencia,
rebautizamos en culpa.
Inventamos un álgebra de culpas
propias y ajenas, y asunciones caprichosas,
que nos liberan de la reflexión.

¿Cómo asumir que los dioses en la Tierra
somos solo nosotros?

CUESTIÓN DE FE

Dejar hacer.
Apagar el cirio de mi vocación
y no velar más su llama.
Decir adiós.

Dejar de vivir en mí,
tropezar con lo olvidado
y afirmar lo antes negado.
Morir para sobrevivir.

Dejarte entrar en mi casa
como un huracán que todo arranca
y vuelve a depositar.

Dejar hacer. Esperar.
Abrir de par en par el alma.

MIS ALFALFAS

En momentos de obstinada tristeza
oculto en mi cabeza
una compleja arquitectura de reproches
y de sentimientos vampirizados.
Recalo en ojos ajenos
donde escudriño virtudes y miserias.

Camino entonces con desesperanza
entre los jardines babilónicos de la pena
que me absorben con su celo de ciénaga.

No veo más allá de mis alfalfas.

Repaso la sangre bajo mis uñas,
envuelvo en un sudario mi deseo
y no canto si no es por campanas
que toquen a muerto.

SENDA HOLLADA

El final del camino es bien sabido
y aun así lo emprendemos.

Seguimos la cartografía pasional
con ardor sereno
y apenas con el combustible que dan tus ojos.

Al llegar al abismo nos reunimos
y nos palpamos el rostro para reconocernos.
Nos entristece saber
que ya no somos los mismos.

¿Cuánta fe, cuánto credo, cuánto ideario
no aguantó el peso de la lluvia?

ACRÓPOLIS

Un día llegarás a la acrópolis que esconden tus ojos,
con una cola de zigzag perdida
hasta un horizonte que apenas reconocerás.
Bautizarás miradas y regarás lágrimas de alegría.
Verás la sonrisa de otoño de tu padre
al regresar al hogar,
los finales incompletos, las despedidas
de escarcha y pólvora.
Déjate entonces sentir
la náusea profunda de tu llanto:
que suba y pueda tañer de tu boca
cual misil el campanario.

ROMANCE AFRICANO

En los árboles refulgen,
como pendientes valiosos,
monos, fruta del pan, mangos,
y un horizonte sinuoso
de ebrios troncos de baobab
meciendo frutos carnosos
sobre un rojo atardecer.
¡Qué paisaje tan hermoso!

Es martes por la mañana
y ya llegan presurosos
a la plaza vendedores
ambulantes, ambiciosos
cambistas, baldes de fruta,
sonrisas y un repertorio
de chismes y cachivaches
que sirven para bien poco.

Los chavales cacarean,
algunos muy vanidosos
gastan colgantes dorados
de truchos los más costosos.
Gritan porque ya no escuchan
sino un rumor silencioso
de una vaporosa nada,
de cien pesebres tiñosos.

Con bebés a las espaldas,
a veces suyo, otras de otro,
su pirámide preparan
de papayas y de cocos
mujeres con la frente alta
y vestidos sarmentosos.
Agridulce es su mirada,
sus labios son bondadosos.

El hospital amanece:
once muertos, mil sollozos,
un vaivén de plañideras,
sarna, sangre y huesos rotos.
Sin fuerzas para llorar
un alma, con besos locos,
despide ya a su quinto hijo,
cinco muertos, cinco mozos.

En los ministerios charlan,
visten traje, reloj de oro,
zapatos recién limpiados,
perfumes, joyas y todos
conocen a quien conocen
y sonríen sin decoro.
Cheques en blanco, monedas:
su dios sí que es poderoso.

Jóvenes cooperantes
redactan planes tediosos,
evaluaciones, informes,
protocolos y costosos
estudios de resiliencia:
mucho papel, poco fondo.

Y ya sus buenos propósitos
anémicos mueren todos.

Los consulados estudian
horizontes migratorios,
desarraigan esperanzas
con burocracia y cerrojos.
En sus puertas, como cáncer,
medra gentuza, tramposos,
mucho hijo de la gran puta
robando a menesterosos.

Un viejecito descansa
bajo el gran poilón frondoso.
Calma matutina, trinos
de gallos y calurosos
amaneceres bermejos:
así ha sido y será todo.
Sus nietos juegan con ruedas
sus nietas barren el polvo.

Un éxodo de murciélagos
como un capote sonoro
cruza el cielo taciturno
y en la tierra, codo a codo,
sobre *pirogas*, con gorro,
dedos de cuero y callosos,
los marineros ya zarpan
a pescar entre los lodos.

Llegan pescados a espuertas,
riqueza pura a remojo,
entre gritos y balanzas,
ya los últimos despojos
malbaratan a tres perras
o se pudren de sofoco.
Mar tan fértil no se ha visto
y otros se lo llevan todo.

Los emigrados regresan
con encomiendas, lustrosos
zapatos, medias verdades,
fábulas del mentiroso
y cuentos de la lechera.
Qué pesado, qué costoso
es mantener apariencias
y llorar al estar solo.

Despídeme de tu tierra,
cuida de a quienes añoro,
dale fuerza a mis amigos
y manda mi amor a todos.

NIEVE

Anda por la nieve, prenda,
sin calcular geometrías ocultas.
Da un paso tras otro
y silencia
la gota china de tu duda.

DESENGAÑO

Los años cruzan rápidamente nuestro patio
y nos dejan cal en los cabellos
y, a menudo, miel en los labios.
Dejan un rastro de expectativas
que seguimos con ardor bulímico.

La dopamina del segundo esperado
no nos permite pararnos
y hurgar en nuestros adentros.

Entonces, cuando el patio está arrasado
volvemos los ojos locos
sobre nuestros apresurados pasos.
Es ahí cuando la dignidad despierta,
de cicatrices tatuada,
e intentamos comprender. Pero el recuerdo
sólo se enraizó en unos pocos momentos.

Aquí la lágrima empapa las articulaciones
de una esperanza ya amoratada:
no, no era esto
por lo que tanto luchamos,
los pilares de nuestro esfuerzo
no eran estos.

Al fondo, una risa de hienas:
el desengaño está viniendo.

SI YO FUERA DIOS

Si yo fuera Dios
morirían todas las criaturas de inanición;
secos los océanos, un hedor permanente
vestirían bosques y selvas; la muerte
elevada a la enésima potencia.

Y las ciudades fiel testimonio serían del desastre,
de niños gimiendo despojados de su madre,
de asesinos degollando sangre caliente,
de ratas devorando a dentelladas las sienes
de los cadáveres:
alfombra hasta el horizonte.

Pues yo el día entero pasaría
contemplando tu cuerpo en la playa
como oasis de belleza.

Así de cruel, hasta la muerte;
si yo fuera Dios, si esa fuera mi suerte.

ESPEJOS ENFRENTADOS

¿Cómo miraré desde ahora el calendario?
¿Cómo conciliaré este ping-pong de amor y odio?

Te has ido sin cerrar la puerta,
condenando la calma de nuestra casa,
sin decir adiós.

Detrás de ti solo dejas espejos enfrentados.
Ese es tu legado.

OTRO MUNDO

¿Cómo será el mundo cuando tú no estés?
Cuando el látigo abra
una honda herida en mi alma
y, a lo lejos, tiriten las luces rojas,
las luciérnagas que anuncian
la llegada del rayo.

Será un sótano lúgubre,
húmedo de lágrima y de peñasco,
cuya bombilla crepite
sin esperanza.

Yo estaré allí.
Percibiré cada mota de sol
como una venganza cálida
que se incrusta en mi piel.

¿Qué quedará entonces?

Se me antoja profano
que una risa pueda horadar
mi tristeza cárdena de soledades.

Me sentiré feliz, eso me dicen
aquellos que vienen y recogen
un trocito de tu recuerdo
y lo empapan en sonrisas.

Me sentiré feliz, quizá. Sí.
Verán danzar mi esqueleto
como chasis caduco, y alguna
sonrisa a deshora y desvelada
dejaré ver al mundo.

Esa sonrisa que tanto veías,
esa que tantas cosas te debe,
la misma que se empapa de lágrimas
mientras tu recuerdo brilla.

AMOR MUTILADO

Veo en vuestros ojos un amor mutilado,
un pedazo de mundo que muere en silencio
dejando tras de sí unos ojos tiernos
como testimonio de un infame desprecio.

Con cada beso que se os niega
un hálito moribundo de amor se extingue
y el mundo se vuelve un poco más invivible.

Un vandalismo de juicios enfermos de superficie
nos condena al orfanato.

Yo os veo de lejos, velando por vuestros pasos,
y con cada lágrima vuestra
mi alma se quebranta
y me late el corazón en la garganta.

TARDE GENEROSA

Es domingo por la tarde
y la vida hoy se ha mostrado
más virulenta que nunca.

Ha venido a mi encuentro
un tropel carnavalesco
de hercúleas excusas, polvos
fermentando en silencio,
y pedacitos de muerte filtrándose
en cada minuto incierto.

¡Qué tarde más generosa
y espléndida en lamentos!

La sangre de las nubes
y los bermejos reflejos
del sol, solidarios,
me muestran su descontento.

En esta tarde infinita
reviso mis recuerdos
y no hallo reposo en ellos,
no hallo alivio ni consuelo.
Cristales rotos, ortigas,
peñasco, cuarzo negro,
lagunas de vinagre, huesos,
eso es todo lo que encuentro.

Qué tarde más larga, madre.
Qué tarde de desconsuelo.

EXCAVACIÓN

Echo la vista atrás y me observo
en todas las escenas de mi vida.
Me veo en el dolor espeso y en la risa vándala.
Me examino con rigor de cirujano y psicología de druida,
palpo mi pecho pretérito
en busca de una emoción.
Y no la encuentro.

Tanteo los pasos dados como un cazador,
buscando la huella precisa de la fiera herida.
Rececho. Busco la lágrima.
Y no la encuentro.

Me miro al espejo y reviso
mis arrugas y la niebla en mis pupilas.
Me interrogo por lo que he visto y me pellizco,
me arranco la costra con brutalidad infantil
y voy a la procura de un aullido escondido.
Y no lo encuentro.

¿Qué me queda de fiel a mí mismo?
¿Qué de diamante en bruto?

Debo seguir tallando la corteza opaca de mi árbol
hasta besar el manantial de savia.
Debo seguir, con fe de Adviento
y paciencia de gestante.
Debo seguir
hasta hallar por fin dos lágrimas brillantes.

VEINTE AÑOS

Veinte años después
aquello que creías haber enterrado
levanta el aldabón de tu sueño.
Como el vuelo de un águila en la montaña
cae hacia ti cual rayo de escarcha
y deja que escuches su algebraica melodía
antes de convertirte en Prometeo.

Después será el castigo mil veces consentido,
la Roma que crece y se desmorona
en cada pedazo de recuerdo que late en tu memoria.

¿Y qué miedo has de sentir ahora?
¿Qué oscuro aguijón caníbal te picará
nadando en tu océano negro de sueños extintos?

¿Qué loco va a elegirte a ti para su alucinada paranoia?
¿Qué corrupia fiera querrá devorar tu carne insulsa?

Es la sentencia que emite el tiempo.
Escúchala.
Te dejará sin aliento.

CERTEZAS

El paso de los años usurpa muchas certezas:
Patrias, amores, amigos, la belleza
de los años de espejos.
Las golpea con paciente oleaje
hasta que sus letras, cansadas,
devienen minúsculas.

Pero no es tan egoísta
si uno sabe escucharlo,
y no es tan despiadado
si uno siempre está al tanto.

El paso de los años también deja sus pistas
sobre cómo encajar las contradicciones
y cómo al remordimiento enterrarlo.

LOS HÉROES

Un hermoso sol lívido
alumbra las calles de Bissau
y el limón del olvido
empapa
con su pulpa de sangre
la Plaza de los Héroes Nacionales.

Dime, camarada,
¿no es terriblemente absurdo
dedicar
un segundo más
a este juego de naipes?

Y YO QUE TE CREÍA MUERTO

Y yo que te creía muerto
ayer te vi: tu presencia
fría de nuevo a mi lado.

Ahora caminamos de nuevo juntos
como dos viejitos canos
que se conocieran
desde hace muchos años.
Imito tus gestos titubeantes
y el temblor de tus labios.
Lo imito todo de ti:
soy una sombra.

Y yo que te creía muerto…
¿A qué vienes ahora a mear en mi sopa?
¿A qué vienes ahora a susurrarme al oído?

En realidad, te prefería vivo.
Prefería mirarte a los ojos por las mañanas,
limpiarme las heridas, las legañas,
todas las magulladuras que contigo
la convivencia dejaba.
Al menos así no me acostumbraba
a vivir una vida sustentada
en un andamio de huesos.

Y yo que te creía muerto…
qué inocente, qué estúpido, qué majara.

Y yo que te creía muerto
y resulta que eres tú
quien del brazo me agarra.

REPROCHE

Tú eres cobarde, y lo sabes.
Todos los remordimientos tienes
de justificaciones vestidos elegantemente.

Cualquier hora del día buena
es para ellos: renacen sarmentosos,
y la memoria, fiel barbecho, los acoge
en su seno.

Un árbol frondoso que lluvia no requiere,
sólo recuerdos, sólo silencios de esos
cuyo precio decide el tiempo.

Pero también él la oportunidad brinda
de vivir una vida larga y (en apariencia) feliz.

Es sencillo: se trata de asfixiar
todo anhelo, idea y recuerdo; y, sobre todo,
nunca jamás de los jamases
dejar espacio a un ápice de deseo.

ÁCAROS

Miras el mundo
con ojos de Cristo crucificado,
con ojos que imploran pero no acusan.
Un amor de Dios
sufraga tus dudas y bulle tu sangre.

Eres el espejo del alma del prójimo
que se ve reflejado —lo quiera o no—
en tus gestos.

Sin juicio amas y sientes,
sin freno das tu cariño
y sin rayo compartes tu nido.

¿Qué beso mío te llevarás a tu tumba?
¿Qué recelo escondido minará tu recuerdo?

Dolerán los chasquidos del castigo no entendido,
dolerán las lágrimas de todos los ladridos,
dolerán con sigilo
como un ácaro que muerde, y muerde, y muerde
hasta el fin de los siglos.

SOL DE INVIERNO

Ha llegado el sol de invierno
y ha traído paces y certezas.
Ha venido para alimentar vocaciones
y regar olivos.
Trae un beso lleno de valor y de bondad
y un horizonte en la palma de su mano.

Ha llegado el sol de invierno
y ha iluminado mi barrio. Ha llegado
y ha fundido el estaño embrutecido.
Viene con la solución
a la ecuación del desarraigo, con un presentido
aroma de molino.

Es la ruta valiente hacia los hontanares
y la sombra fresca del hayedo
para el peregrino.
Es el milagro de todas las casualidades
apretando los puños en la cuna,
del amor el fuego y del dolor el olvido.

Siembra, labrador, siembra tu tierra
que viene el sol de invierno.
No quedará peñasco sin iluminar
en toda la lozanía de la sierra.
Proscribe el barbecho. Exilia tu miedo.
No habrá tarde que no goce
de tener un rayo de luz por alimento.

Ha llegado el sol de invierno
y no habrá más aliento de escarcha.

Verde olor a sal, entremeses de besos,
sonrisa cálida, hoguera en el vientre.
ha llegado el sol de invierno
a empaparnos de presente.

APARTA LA MORAL

Aparta la moral.

Imagina el mundo sin límites:
Ser animal sintiente,
pasional, hambriento de carne;
un escaparate latiente
para devorar sin prisas,
un bocado todos los días,
y nadie que venga a desnudarte.

Apártala. Cuanto antes.

Sin facturas,
sin remilgos,
sin ambages.

Apártala. Ya.

Eso sí: pégame un tiro
cuando suenen los timbales.

ÍNDICE